ISABELLE MIUM

LAS PALABRAS QUE JAMÁS DIJE

Un viaje hacia la libertad emocional y la sanación a través de la escritura terapéutica

Las palabras que jamás dije - Copyright © 2024 - Isabelle Miumiu
Todos los derechos reservados. Ninguna parte de este diario puede ser reproducida, distribuida o transmitida de ninguna forma ni por ningún medio, ya sea electrónico o mecánico, incluyendo fotocopia, grabación o sistemas de almacenamiento y recuperación de información, sin el previo consentimiento escrito del autor.

Descargo de responsabilidad
Al adquirir este libro, aceptas que la información proporcionada tiene como propósito ofrecer ideas útiles sobre los temas tratados. Este libro no está destinado a sustituir consultas o tratamientos médicos. Cualquier persona con condiciones que requieran atención médica debe consultar a un profesional de la salud o a un terapeuta adecuado. Ni el autor ni el editor pueden asumir responsabilidad alguna por posibles pérdidas o reclamaciones derivadas del uso o mal uso de las indicaciones proporcionadas,
o de la falta de consulta con un médico.

Parte 1: Herramientas y consejos para reencontrar tu esencia 7
Parte 2: Terapia a través de la escritura 39
Preguntas introspectivas 44
Preguntas de sanación 134
Parte 3: Pensamientos para el corazón y el alma 174

A ti, que llevas cicatrices en el corazón y has encontrado la fuerza para levantarte siempre, a pesar de todo.

Estas páginas son una invitación a explorar las habitaciones más íntimas de tu alma, un lugar donde puedes dejar el peso que cargas y escuchar las voces más auténticas de tu corazón. Aquí, cada palabra es un susurro de comprensión, un recordatorio de que tu esencia es más fuerte que las tormentas que has atravesado.

Deja que este libro sea un compañero amable, que ilumine tus pasos y te susurre que la libertad vive dentro de ti. Que en estas palabras encuentres el valor para abrazar cada parte de ti mismo, para alzar el vuelo con alas nuevas y ligeras, y para ver, más allá de cada sombra, la luz de tu renacimiento.

Introducción: ¿Para qué sirve este libro?

¿Alguna vez has sentido la necesidad de liberar un dolor oculto, como un viento frío que atraviesa tu alma? Tal vez sean emociones o recuerdos ligados a desilusiones, heridas, incomprensiones. Son pensamientos que guardas para no herir a nadie, pero que permanecen ahí, como un peso sin voz.

Este libro es para quienes, como tú, buscan una salida a esas prisiones silenciosas. Está pensado para aquellos que conviven con ansiedades, tristezas o inseguridades, para quienes se sienten atrapados en relaciones difíciles o temen el juicio de los demás. *Las palabras que jamás dije* nace para ayudarte a transformar esas cadenas invisibles en una fuerza interior, hacia una versión más serena de ti mismo.

Dividido en tres partes, este libro te acompaña desde la comprensión hasta la liberación y, finalmente, la paz interior. La primera parte es una guía didáctica para afrontar las dificultades como oportunidades de crecimiento, ayudándote a superar dudas, inseguridades y miedos a través de la inteligencia emocional. Cada día puede convertirse en una oportunidad para acercarte a la serenidad.

La segunda parte está dedicada a la escritura terapéutica, una herramienta poderosa de liberación. Escribir lo que nos pesa es como abrir una ventana oscura y dejar que entre la luz. Con un enfoque sencillo y práctico, podrás explorar tu mundo interior y responder preguntas que te guiarán hacia la raíz de tus emociones.

Por último, la tercera parte ofrece pensamientos de consuelo y reflexiones para nutrir tu alma en los momentos más vulnerables. Porque la libertad es un camino lento y profundo: con este libro encontrarás las herramientas para cultivar tu serenidad interior, dejando emerger esa versión de ti que solo está esperando florecer.

¿Te sientes listo/a para mirarte hacia dentro, enfrentar tus miedos y cuestionarte para reencontrar tu verdadero yo?

☐　　　☐

SÌ　　　NO

PARTE 1
HERRAMIENTAS Y CONSEJOS PARA REENCONTRAR TU ESENCIA

La Fuerza de Volver a Empezar

Volver a empezar es tener el coraje de levantarse cuando el mundo te ha derribado. Es la chispa que nace en la oscuridad del dolor, un susurro que dice: **«Esto no es el final»**. Es mirar las ruinas del pasado y, a pesar de las manos temblorosas, elegir reconstruir.

No es fácil. Habrá días en los que el peso de los recuerdos parecerá insoportable, pero cada paso que das hacia tu renacimiento, por pequeño o incierto que sea, es un acto de amor hacia ti mismo. Es una declaración: **«Estoy aquí y quiero vivir, no solo sobrevivir»**. No se trata de borrar el pasado, sino de usarlo como base para una nueva vida.

La fuerza de volver a empezar es la sonrisa que aparece después de las lágrimas, el sol que sale después de la tormenta. Es el momento en el que entiendes que, si todavía estás aquí, entonces todavía tienes una oportunidad.

Nunca te rindas, porque es precisamente cuando todo parece haber terminado, cuando todo comienza.

El Coraje de No Saber Quién Serás
El arte de abrazar la incertidumbre y dejarse sorprender

Solo quien se deja sorprender por el camino puede descubrir senderos que ningún mapa podrá jamás señalar.

¿Alguna vez has sentido ese vacío, como si faltara algo, a pesar de todos tus esfuerzos por encontrar el camino correcto? Nos han enseñado que la vida debe ser una serie de planes bien trazados, como si crecer significara simplemente seguir rutas definidas. ¿Y si, en cambio, la verdadera belleza estuviera precisamente en no saber?

Imagina la vida como un largo camino sin un final visible, lleno de curvas y cambios inesperados. La verdad es que nadie sabe realmente lo que está haciendo; todos caminamos con dudas y esperanzas. Ser libres significa también dejarnos sorprender, dejar de creer que siempre debemos saber hacia dónde vamos.

Si te sientes incierto, debes saber que es normal. Tal vez solo estás descubriendo que tus antiguos deseos ya no te pertenecen. Y en este espacio de incertidumbre puede nacer algo maravilloso. No necesitas certezas para ser feliz; basta con escuchar lo que deseas hoy, dejando que el presente sea quien te guíe.

No temas no tener todas las respuestas. Permítete vivir el momento, porque ahí es donde toma forma la verdadera libertad. Tal vez, más que saber hacia dónde te diriges, lo que importa es cómo eliges vivir aquí y ahora.

Date permiso para cambiar de opinión, para explorar nuevos caminos y para aceptar cada matiz de tu recorrido. No importa cuán lejos llegues o si la dirección cambia: lo que realmente importa es que vivas con autenticidad y amor por ti mismo, aquí y ahora.

El Coraje de Ser Feliz
Dejar de autosabotearse es el primer paso hacia la alegría

La felicidad no se encuentra en el mañana perfecto que imaginamos, sino en el imperfecto presente que tenemos el coraje de vivir.

¿Alguna vez has sentido que eres tu propio obstáculo para la felicidad? Es como una barrera invisible que te separa de una alegría auténtica. A menudo, sin darnos cuenta, creamos pequeños sabotajes en el camino hacia nuestra felicidad.

El miedo a una felicidad duradera es más común de lo que parece: nos parece casi que hay un límite a partir del cual nos sentimos incómodos, y entonces empezamos a encontrar defectos o a crearnos problemas para volver a una zona segura. También está el peso de las expectativas sociales: nos contenemos de brillar por miedo al juicio de los demás. Pero la verdadera felicidad no depende de la aprobación externa; nace dentro de nosotros.

Con frecuencia, preferimos la comodidad de nuestra zona de confort a la incertidumbre del cambio, incluso cuando estamos insatisfechos. Sin embargo, la felicidad se esconde más allá de esos límites. Y no está en conflicto con la ambición: podemos perseguir grandes sueños sin sacrificar la felicidad en el presente.

Vivir plenamente requiere coraje y la voluntad de superar nuestras propias barreras. Entrenar la felicidad es como ejercitar un músculo: elegir ver lo positivo, cultivar la gratitud, apreciar el presente. Ser feliz no es solo una reacción, es una elección consciente y activa.

Recuerda que tienes el derecho de buscar tu bienestar, de escucharte y de respetar tus propios tiempos. No necesitas tener siempre todas las respuestas ni seguir caminos predefinidos. Tu historia es única, y mereces vivirla sin miedo al juicio de los demás.
Cada pequeño paso es un acto de amor hacia ti mismo.

El Aliento de las Emociones
Aprender a vivir sin retener lo que nos mantiene vivos

*Cada emoción es un pequeño espejo que refleja una parte
de nosotros; ignorarla significa perder
un fragmento de nuestra historia.*

¿Alguna vez has pensado en cuántas emociones fluyen dentro de ti cada día, como un río silencioso? Historias, recuerdos, esperanzas, miedos. Sin embargo, con frecuencia las ignoramos, como si fueran invitados incómodos. Nos han enseñado a controlarlas, a sofocar lo que es demasiado intenso o doloroso. Pero, ¿y si por una vez abriéramos esa puerta y dejáramos entrar cada emoción?

Las emociones son parte de nosotros, no para debilitarnos, sino para guiarnos hacia nuestra autenticidad. Cada emoción trae consigo una enseñanza valiosa: la tristeza nos invita a la introspección, la alegría nos recuerda la belleza de la vida, el miedo nos empuja a superar nuestros límites. Sin embargo, muchas veces las combatimos o las etiquetamos, intentando reprimirlas, pero reprimir es como contener el aliento: al final, el corazón exige ser escuchado.

Aceptar las emociones no significa perder el control, sino vivir en armonía con nosotros mismos. Vivir plenamente significa aceptar cada emoción como parte de un viaje hacia la paz interior, abrazando todo lo que somos.

Recuerda que las emociones no son ni amigas ni enemigas: son mensajeras. Escucharlas sin juicio, sin intentar rechazarlas, te permite descubrir más sobre ti mismo y sobre lo que realmente deseas. Esto puede ayudarte a crecer y a encontrar la paz interior.

No necesitas tener todas las respuestas ni saber siempre cómo actuar. Permítete vivir cada experiencia, aceptar incluso las incertidumbres, y recuerda que cada paso, por pequeño que sea, te acerca un poco más a comprender quién eres realmente.

Abrazar la Ansiedad Sin Miedo
Descubrir la fuerza interior para transformar la ansiedad en una oportunidad de crecimiento

La ansiedad no define quién eres, es solo un desafío para despertar el coraje que ya vive en ti.

¿Alguna vez has sentido la ansiedad llegar como una sombra, una ola que crece lentamente hasta quitarte el aliento? Parece que pierdes el control, que estás atrapado en un remolino. Pero, ¿y si te dijera que ya tienes dentro de ti todo lo necesario para enfrentarlo?

La ansiedad puede parecer un enemigo invencible, pero no está ahí para destruirte. Es una parte de ti que quiere ser escuchada, quizá para recordarte algo que has descuidado. No necesitas vencerla con fuerza; intenta comprenderla, abrazarla sin miedo.

Respira. Cierra los ojos e imagina que no necesitas luchar contra la ansiedad. Cuanto más intentas empujarla, más crece. Considérala como una visitante pasajera. Acéptala, y verás que pierde su poder.

Cada respiración lenta es un puente hacia la calma, cada pensamiento que sueltas aligera tu corazón. Ya posees las herramientas para crear un espacio de paz dentro de ti.

Recuerda que la ansiedad no define quién eres. Dentro de ti está la fuerza para atravesar cualquier tormenta. Incluso en los momentos más oscuros, tienes todo lo necesario para regresar a la luz.

Los Signos de la Ansiedad

Aquí tienes una lista de 10 posibles señales de ansiedad, que puedes marcar para ayudarte a reconocerlas y reflexionar sobre ellas:

- [ ] Sientes una preocupación excesiva y constante por el futuro.

- [ ] Te cuesta relajarte o "desconectar" tu mente de los pensamientos.

- [ ] Tienes dificultades para dormir o te despiertas con frecuencia durante la noche.

- [ ] Sientes una necesidad constante de controlar o prever cada situación.

- [ ] Tiendes a evitar lugares o situaciones que te hacen sentir incómodo.

- [ ] Te preocupa frecuentemente el juicio de los demás.

- [ ] Sientes una sensación constante de insuficiencia o inseguridad.

- [ ] Te sientes inquieto o nervioso sin una razón aparente.

- [ ] Evitas hacer o intentar cosas nuevas por miedo a lo desconocido.

- [ ] A menudo sientes vergüenza o culpa sin una razón evidente

Estas señales pueden ayudarte a comprender mejor si la ansiedad está afectando tu bienestar y si sería útil adoptar estrategias para gestionarla.

Cómo superar la ansiedad social

La ansiedad no define quién eres, es solo un desafío para despertar el coraje que ya vive en ti.

Sé cómo te sientes. La ansiedad social no es solo un poco de timidez. Es esa voz que te susurra que no eres suficiente, que te dice que todos te observan, te juzgan y están esperando a que cometas un error. Sé lo abrumador que puede ser. Pero quiero decirte algo: tú no eres esa voz, y lo que dice no es la verdad.

Muchas veces la ansiedad nace de experiencias difíciles, momentos en los que te sentiste juzgado o excluido, y desde entonces has pensado que todas las situaciones sociales serán así. Pero no es cierto. La mayoría de las personas están demasiado ocupadas con sus propios pensamientos como para notar cada uno de tus movimientos. No estás bajo los reflectores, aunque a veces lo parezca.

Y luego está ese miedo a no ser perfecto, a equivocarte. Pero, ¿quién decide qué es la perfección? Todos cometemos errores, yo el primero, ¿y sabes qué? Está bien. Los errores no son un fracaso, son solo una forma de aprender y crecer. Aprende a sonreír ante tus tropiezos. Sí, lo sé, no es fácil, pero puedes intentarlo poco a poco.

No tienes que agradarle a todos, y no hay nada de malo en eso. Siempre habrá alguien que no te entienda o no te acepte, pero eso no dice nada sobre ti. No dejes que el juicio de los demás defina tu valor. Empieza a mirarte con amabilidad, a encontrar esas cosas de ti que te hacen especial. Están ahí, aunque a veces te cueste verlas.

Superar la ansiedad social es un camino, no algo que resolverás en un día. Empieza poco a poco. Desafía un pensamiento negativo, enfrenta un pequeño miedo. Paso a paso. Quiero que sepas que puedes lograrlo. ¿Por qué? Porque mereces ser visto y escuchado por quien realmente eres. Y quien eres, tal y como eres, está bien. Eres suficiente. Y estoy aquí para recordártelo.

Los Signos de la Dependencia Emocional
Reconocer cuándo la necesidad de amor se convierte en una dependencia

La dependencia emocional es un apego excesivo que nos une a alguien a costa de nuestra independencia y autoestima. No es solo un amor intenso, sino la sensación de incompletitud sin esa persona, como si nuestra felicidad dependiera únicamente de ella, lo que puede causar serios daños a nuestro bienestar emocional.

Aquí algunos signos para reconocerla:

Miedo al abandono – Quien sufre de dependencia emocional teme constantemente ser dejado, buscando constantes aseguramientos para evitar el vacío.

Anulación de uno mismo – Se sacrifican deseos y necesidades para complacer a la pareja y prevenir distanciamientos.

Celos y posesividad – El miedo a perder a la pareja alimenta unos celos sofocantes, incluso en situaciones inocuas.

Necesidad de confirmación – La seguridad emocional depende de constantes afirmaciones de amor y estabilidad por parte del otro.

Tendencia al control – El miedo al abandono lleva a monitorear a la pareja, generando tensiones.

Sentimientos de insuficiencia – Uno se siente "no suficiente", con la autoestima dependiendo de la pareja.

Dificultad para estar solo – La soledad resulta insoportable; el bienestar emocional depende completamente de la presencia del otro.

Reconocer estos signos puede ser el primer paso hacia una relación más sana y una autonomía emocional más fuerte.

Los Signos de la Dependencia Emocional

Aquí tienes una lista de 10 posibles señales de dependencia emocional, que puedes marcar para ayudarte a identificarlas y reflexionar sobre ellas:

- ☐ Tienes un miedo constante a ser abandonado por tu pareja.

- ☐ Siempre antepones las necesidades y deseos de tu pareja a los tuyos.

- ☐ Te sientes incompleto o perdido sin la presencia de tu pareja.

- ☐ Eres excesivamente celoso y posesivo.

- ☐ Necesitas constantes garantías y reafirmaciones por parte de tu pareja.

- ☐ Sueles controlar el comportamiento de tu pareja.

- ☐ Sientes inseguridad y la sensación de no estar a la altura.

- ☐ Te resulta difícil pasar tiempo a solas o lejos de tu pareja.

- ☐ Sacrificas tus amigos, tu familia y tus actividades personales por la relación.

- ☐ Aceptas comportamientos irrespetuosos o dañinos solo para mantener la relación.

Esta lista puede ayudarte a reflexionar sobre ciertos aspectos de tu relación que merecen tu atención, con el fin de construir una relación más equilibrada y respetuosa, tanto contigo mismo como con la otra persona.

Liberarse de la Trampa de los Pensamientos Negativos
Reconocer y disolver los pensamientos negativos para vivir con autenticidad

Los pensamientos negativos son solo sombras: reflejos distorsionados de miedos que no merecen el poder de definirte.

¿Alguna vez has escuchado esa voz que susurra dudas y pinta cada paso como un riesgo? Es como si conociera todos tus miedos y los transformara en "verdades" absolutas. Pero detente un momento: esos pensamientos negativos no son la realidad, son sombras engañosas, ilusiones que intentan frenarte. No son hechos, sino posibilidades creadas por el miedo, como imágenes distorsionadas en tu mente.

Cuando te sientas atrapado en estos pensamientos, recuerda que no estás definido por tus dudas. Son solo historias que tu mente cuenta, quizá para protegerte, pero lo que es seguro no siempre trae felicidad. Pregúntate: "¿Este pensamiento realmente me ayuda o me está frenando?" Descubrirás que los pensamientos negativos a menudo reflejan versiones distorsionadas de ti y de tus capacidades.

No caigas en su trampa. Déjalos ir como sombras al primer rayo de luz. Tú decides qué pensamientos merecen espacio en tu mente. Recuerda, tú construyes tu realidad. Detrás de cada duda hay una voz más auténtica que conoce tu verdadero valor y sabe que cada paso, por pequeño que sea, ya es una victoria.

Recuerda que tus pensamientos no definen quién eres. Aunque las voces interiores puedan ser insistentes o atemorizantes, solo tienen el poder que tú decides darles. Cada vez que eliges mirar más allá de tus dudas, estás eligiéndote a ti mismo y a tu crecimiento.

La sonrisa que oculta el peso
Enfrentar la depresión oculta

La sonrisa que muestras al mundo es poderosa, pero la que redescubres dentro de ti es liberadora.

Hay días en los que llevas una sonrisa como si fuera una armadura, convencido de que puede protegerte del mundo. Desde afuera pareces feliz, fuerte, lleno de vida: ríes, trabajas, afrontas los días con una seguridad aparente. Pero por dentro, es otra historia. Cada risa parece vaciarte de energía, cada paso se siente más pesado que el anterior. Es como vivir dos vidas: la que muestras a los demás y la que llevas dentro.

Esta doble batalla es agotadora. Por un lado, enfrentas la oscuridad interior que hace sentir vacío y distante de todo lo que antes llenaba de felicidad. Por otro lado, luchas por mantener intacta esa imagen de normalidad que crees que los demás esperan de ti. Es un círculo vicioso: cuanto más ocultas lo que sientes, más te aíslas; y cuanto más te aíslas, más atrapado te sientes.

Pero quiero decir algo: no estás solo, y no está mal sentirse así. La depresión no es una debilidad. Es un momento de dificultad que no disminuye tu valor. Admitir que no te sientes bien requiere un coraje inmenso.

Detente un momento. Pregúntate: "¿Qué estoy tratando de ocultar y a quién?". A veces estamos tan ocupados tratando de parecer invencibles que olvidamos que la vulnerabilidad es parte de ser humanos. Abrirse con alguien de confianza puede parecer aterrador, pero también puede aligerar el peso que llevas.

Permítete ser amable contigo mismo. Mereces la misma compasión y el mismo amor que das a los demás.

Recuerda: la sonrisa que llevas no tiene que ser una máscara. Permite que vuelva a ser auténtica, fruto de momentos de luz y no de esfuerzo. Paso a paso, puedes redescubrir la alegría que nace de sentirte libre para ser tú mismo.

Aceptar el Pasado para Vivir realmente el Presente

*El pasado te ha hecho quien eres,
pero no debe decidir quién llegarás a ser.*

El pasado tiene una forma curiosa de colarse en el presente, trayendo consigo remordimientos, errores y recuerdos dolorosos. Parecen cadenas invisibles que te atan a un tiempo que ya no existe. Pero, ¿realmente quieres permitir que el pasado decida cómo vivirás tu presente?

Dejar ir no es fácil. A menudo parece una rendición, pero no lo es. Aceptar significa reconocer que lo que fue no puede cambiarse, pero no debe controlar lo que será. Es un acto de fuerza, una elección poderosa: no permitir que lo que sucedió te robe la alegría del presente.

Imagina por un momento liberarte de ese peso. Cada remordimiento, cada culpa, cada pensamiento recurrente. Imagina una mente en silencio, un espacio para respirar y realmente vivir. Esto es aceptar: mirar tu pasado y decir: "No eres tú quien define quién soy hoy."

Pregúntate: "¿Qué estoy sacrificando al aferrarme a algo que no puedo cambiar?" Cada vez que eliges aceptar, eliges recuperar una parte de ti mismo. El pasado no puede reescribirse, pero el presente es una página en blanco, lista para ti.

Aceptar es un acto de valentía. Es el primer paso para liberarte, para descubrir la tranquilidad que mereces, para vivir plenamente tu presente. Porque la vida no espera, y cada momento desperdiciado pensando en el pasado es un momento que nunca volverá. Déjalo ir. Sé amable contigo mismo. Mereces ser feliz, aquí y ahora.

Cambia Tu Forma de Pensar

Nuestros pensamientos influyen profundamente en cómo vivimos y afrontamos las experiencias, pero a menudo nos encontramos atrapados en patrones mentales negativos que distorsionan nuestra percepción de nosotros mismos y del mundo. Cambiar la forma de pensar es posible y puede marcar un punto de inflexión en nuestra vida.

Exploraremos cómo las afirmaciones positivas, la reorientación cognitiva y la atención plena (mindfulness) pueden romper los círculos viciosos y generar un bienestar duradero. Aprenderás a reconocer los pensamientos distorsionados, reemplazarlos por alternativas más positivas y desarrollar una mentalidad más equilibrada. Descubrirás cómo tu mente puede convertirse en una fuente de fortaleza y serenidad.

Identificar los pensamientos distorsionados

Con frecuencia, los pensamientos negativos adoptan formas distorsionadas, alejándonos de la realidad y amplificando el malestar emocional. Para cambiar nuestra forma de pensar, es fundamental reconocer estas distorsiones cognitivas. Aquí algunas de las más comunes:

Pensamiento todo o nada: ver las situaciones en blanco y negro, sin matices.
Desvalorización de lo positivo: minimizar los logros o los aspectos positivos de las cosas.
Catastrofismo: esperar lo peor, incluso en situaciones que no son amenazantes.
Lectura de la mente: suponer que sabemos lo que otros piensan sin tener confirmación.
Etiquetar a uno mismo o a los demás: usar etiquetas negativas para describir de manera permanente a personas o situaciones.

Identifica los pensamientos que encajen en estas categorías y trata de cuestionarlos.
Cada vez que te encuentres en un momento de desánimo, observa el pensamiento, analízalo y pregúntate si es real o si es el resultado de un hábito mental distorsionado.

Pensamientos Positivos

Una vez reconocidos los pensamientos distorsionados, es posible cultivar pensamientos más positivos y realistas. Los pensamientos positivos no son ilusiones; son formas de pensar equilibradas y amables hacia uno mismo y hacia los demás. Repetidos regularmente, pueden fortalecer una mentalidad positiva.

"Soy digno de amor y respeto tal como soy."
"Acojo el cambio como una oportunidad de crecimiento."
"Mi felicidad no depende de las opiniones de los demás."
"Me perdono por los errores del pasado y acojo con amabilidad mi presente."
"Merezco una vida llena de alegría y serenidad."
"Cada experiencia, incluso las más difíciles, me está enseñando algo valioso."
"Soy capaz de enfrentar los desafíos con resiliencia y valentía."
"Soy más fuerte que cualquier desafío que encuentre."
"Tengo dentro de mí todos los recursos para alcanzar mis sueños."
"Mi valor no depende de los resultados, sino de mi autenticidad."
"Estoy agradecido por cada pequeña cosa que me hace feliz cada día."
"No necesito ser perfecto para ser amado y respetado."

Repite estas afirmaciones a lo largo del día, especialmente en momentos de duda o estrés, para recordarte tu valor y tu potencial.

Reorientación Cognitiva

La reorientación cognitiva es un proceso que ayuda a reconocer un pensamiento negativo, cuestionarlo y transformarlo en un diálogo interno más realista y alentador. Aquí te explicamos cómo aplicarlo:

1. Identifica el pensamiento negativo: Reconoce el pensamiento que te está bloqueando.
Ejemplo: "Soy demasiado tímido/a y nunca podré hablar con ese chico/a."

2. Diálogo interno – Cuestiona el pensamiento: Inicia un diálogo interno contigo mismo/a para verificar si el pensamiento tiene fundamento.
Pregúntate: "¿Es realmente cierto que soy demasiado tímido/a para lograrlo? ¿Ha habido momentos en los que, a pesar de mi timidez, he logrado hablar con alguien nuevo?"
Respuesta interna: "En realidad, ha habido situaciones en las que encontré el valor. Tal vez estaba nervioso/a, pero lo conseguí."

3. Reformula el pensamiento: Sustituye el pensamiento negativo por una versión más realista y constructiva.
Nuevo pensamiento: "Es normal sentirme tímido/a, pero eso no significa que no pueda hacerlo. Puedo empezar con un simple 'hola' y ver cómo va."

4. Diálogo interno adicional para reforzar la confianza:
Refuerza esta nueva visión con un diálogo positivo y amable.
Dite a ti mismo/a: "Ser tímido/a no significa que no sea capaz de dar el primer paso. Un pequeño paso, aunque sea sencillo, me da la oportunidad de superar el miedo y quizás descubrir que no es tan difícil. No necesito hacerlo todo perfectamente: un pequeño paso ya es un éxito."

5. Actúa con pequeños pasos: Pon en práctica el nuevo pensamiento de manera gradual.
Ejemplo: Decide dar un primer saludo, sonreír o acercarte para una breve conversación. Cada pequeña acción te acerca a superar la timidez.

Mindfulness

La mindfulness es la práctica de llevar la atención al momento presente con conciencia y sin juzgar. Es una forma de reducir el estrés y la ansiedad, mejorar la concentración y aumentar el bienestar general. Aquí tienes algunos pasos fundamentales para comenzar a practicarla:

Elige un momento y un lugar tranquilo
Busca un lugar donde puedas estar en paz, sin distracciones. Siéntate en una posición cómoda, con la espalda recta y las manos apoyadas en las rodillas o las piernas.
Comienza con sesiones cortas, de 5 a 10 minutos, y aumenta gradualmente el tiempo a medida que te sientas más cómodo/a.

Lleva la atención a tu respiración
Cierra los ojos, si te resulta cómodo, y concéntrate en tu respiración.
Observa el aire que entra y sale por la nariz o la boca, sintiendo los movimientos del pecho o el abdomen.
No intentes controlar la respiración; simplemente déjala fluir de manera natural.

Sé consciente de tus pensamientos, sin juzgarlos
Durante la práctica, es normal que surjan pensamientos. La mente tiende a divagar, y esto es completamente natural.
Cuando notes que te has distraído, simplemente reconoce el pensamiento, sin juzgarlo, y vuelve suavemente la atención a la respiración.

Observa las sensaciones físicas
Lleva tu atención a lo que sientes en el cuerpo: el contacto de los pies con el suelo, la sensación de las manos, la posición de los hombros, etc.
Acepta todas las sensaciones, ya sean agradables o no, sin intentar cambiarlas.

Practica la gratitud o la aceptación
Al final de la sesión, dedica un momento para apreciar el tiempo que has reservado para ti mismo/a.

Recuerda que no existe una "práctica perfecta": incluso un minuto dedicado a respirar con conciencia es un progreso.

Integra la mindfulness en tu vida cotidiana
La mindfulness no se limita a la meditación formal. Trata de estar presente también durante tus actividades diarias, como comer, caminar, lavar los platos o escuchar a alguien.
Sé consciente de lo que haces, incluso en los pequeños gestos, y observa las sensaciones, los sonidos, los olores y las imágenes que te rodean.

Sé paciente y amable contigo mismo/a
La mindfulness es una práctica que requiere tiempo. No te desanimes si encuentras difícil mantener la concentración.
Cada vez que te sientas a practicar, recuerda que estás nutriendo tu mente y tu bienestar.

Estas técnicas y ejercicios te permitirán reorientar tus pensamientos, fortalecer una mentalidad positiva y desarrollar una relación amable contigo mismo/a.

Las creencias que te impiden cambiar tu vida

Las historias que te cuentas a ti mismo pueden atraparte o liberarte. Elige bien en cuáles creer.

A veces te sientes atrapado, prisionero de una jaula invisible hecha de pensamientos como: "Nunca lo lograré", "No soy suficiente", "Eso no es para mí". Estas frases se repiten en tu mente, pero ¿sabes algo? No son verdad. Son solo creencias que has construido, pero que puedes romper.

Cada creencia limitante nace del miedo: miedo a fallar, a decepcionar, a ser rechazado. Pero fallar no significa ser un fracaso. Decepcionar a alguien no quiere decir que estés equivocado. ¿Y el rechazo? Es solo una señal que te empuja hacia lo que realmente es para ti.

Imagina por un momento vivir sin esas creencias. Imagina despertarte un día y decir: "Puedo hacerlo". Mira dentro de ti: hay una versión de ti mismo que está deseando salir, mostrarse al mundo, brillar. No importa qué tan grande o pequeño sea el paso que des hoy. Lo que importa es comenzar, cuestionar esas creencias una por una.

¿Y sabes cómo empieza el cambio? Con una simple pregunta: "¿Y si estoy equivocado acerca de mí?" ¿Y si todo lo que crees que no puedes hacer es solo una historia que te has contado por miedo? Intenta responder. Imagina que, por una vez, la respuesta sea: "Puedo hacerlo".

Mereces vivir una vida plena, auténtica, libre de las cadenas del pasado. Mereces ver quién eres realmente, sin las sombras de las creencias limitantes que te han acompañado hasta ahora. No necesitas cambiar todo hoy, pero debes comenzar a creer que es posible. Porque lo es. ¿Y sabes quién puede hacerlo realidad? Tú. Precisamente tú.

Reconocer tu valor
Un viaje hacia la autoestima

Trátate a ti mismo con la misma amabilidad que ofreces a quienes amas, porque tú también mereces ser amado de esa manera.

Trátate a ti mismo con la misma amabilidad que ofreces a quienes amas, porque tú también mereces ser amado de esa manera. ¿Cuántas veces has ignorado tus logros, pensando que eran insignificantes? ¿Y cuántas veces has dejado que los errores definieran tu día, ocupando todos tus pensamientos? Es una lucha silenciosa, a menudo injusta, que reservas solo para ti. Porque no tratarías a nadie más con tanta dureza, pero contigo parece diferente.

Déjame decirte algo: no eres tus errores, ni tus dudas. Eres mucho más. Cada pequeño logro, cada momento en el que has encontrado el valor para seguir adelante, es una victoria que merece tu respeto. Sin embargo, a menudo te comparas con los demás, como si sus éxitos disminuyeran los tuyos. Pero eso es una mentira: tus logros cuentan, incluso aquellos que parecen pequeños.

Ahora detente y pregúntate: "¿Qué he hecho hoy de lo que puedo sentirme orgulloso/a?" No importa cuán insignificante parezca: cada paso adelante es importante. Y luego reflexiona: "¿Trataría a un amigo/a como me trato a mí mismo/a?" Ya sabes la respuesta. Entonces, ¿por qué no darte a ti mismo/a la misma amabilidad y comprensión?

Desde hoy, prométete cambiar de perspectiva: "Me comprometo a reconocer lo bueno en mí." Cada pequeño paso cuenta, cada error es una oportunidad para aprender, no para hundirte. Mírate al espejo, no para buscar defectos, sino para ver la fuerza que hay dentro de ti. Has superado momentos difíciles, has luchado y sigues aquí.

Así que mírate una vez más al espejo. Esta vez no para buscar defectos, sino para ver la fuerza, la belleza y la resiliencia que hay dentro de ti. Has recorrido un largo camino. Eres increíble tal como eres.

Los Seis Pilares de la Autoestima
Construir la confianza en ti mismo/a sin miedo al juicio

¿Alguna vez has escuchado una voz que susurra "no eres suficiente"? Ese sentimiento de insuficiencia a menudo nace de una baja autoestima, como un terreno inestable bajo tus pies. Pero esta es una condición que puedes transformar con amor y paciencia.

En los años 60, el psicoterapeuta Nathaniel Branden identificó los 6 pilares de la autoestima: conciencia, aceptación, responsabilidad, autoafirmación, metas e integridad. Estos pasos representan una guía para construir una autoestima auténtica, que no se doblegue ante los juicios externos.

Conciencia de uno mismo: Reconoce lo que sientes, sin juzgarte.

Aceptación de uno mismo: Acepta tus imperfecciones como partes de ti.

Sentido de responsabilidad: Toma el control de tu vida, aprendiendo de cada error.

Autoafirmación: Expresa tus pensamientos con valentía, sin buscar aprobación.

Metas: Establece objetivos que den dirección y valor a tus esfuerzos.

Integridad personal: Mantente fiel a lo que crees, sin depender de la aceptación de los demás.

Siguiendo estos pilares, podrás construir una imagen de ti mismo fuerte y estable, capaz de caminar con la cabeza en alto. No necesitas ser perfecto para merecer respeto y amor: basta con ser auténtico/a.

Dejar de Buscar Migajas de Amor
Cómo dejar de perseguir atención y encontrar el amor verdadero

No hay amor más sincero que aquel que surge sin pedirlo, sin perseguirlo, sin exigirlo.

¿Alguna vez has sentido ese vacío, como si buscaras amor donde no hay suficiente? Persigues gestos afectuosos como si fueran concesiones raras, hasta que un día te das cuenta de que no quieres seguir mendigando amor. No quieres esperar más a que alguien note tu valor, porque sabes que no debe depender de nadie más.

Es momento de dejar de creer que el amor debe ganarse. No es una recompensa ni una competencia; el amor auténtico no apaga quien eres. Cada vez que te adaptas para agradar, escondiendo partes de ti, tu luz se debilita. En lugar de eso, empieza a valorarte, tratándote con la misma amabilidad que reservarías para alguien que amas.

Si tienes miedo a la soledad, recuerda que elegir estar solo/a es muy diferente de sentirte solo/a junto a alguien que no sabe amarte de verdad. Encuentra belleza en tu camino, invirtiendo tu tiempo en aquello que nutre tu crecimiento. Poco a poco, dejarás de necesitar mendigar afecto.

Cuando dejas de buscar migajas de amor, te rodeas de personas que te valoran por quien eres. El amor más hermoso es aquel que surge sin mendigar, que encuentra en ti un hogar natural, una fuerza que crece cuando decides no suplicar más.

Recuerda que el amor auténtico no se mendiga ni exige que escondas quien eres. Deja de buscar confirmaciones externas y comienza a cultivar un amor hacia ti mismo/a que sea paciente e incondicional. Cuando lo haces, te acercas a relaciones más genuinas, que reconocen y celebran tu verdadero valor.

Cuando tu pareja empieza a perder interés en ti
Cómo dejar de perseguir atención y encontrar el verdadero amor

Tu corazón merece ser visto, valorado y amado sin condiciones, no solo cuando le conviene al otro.

Cuando te das cuenta de que él o ella ya no siente lo mismo por ti, es como si un frío repentino invadiera una habitación que antes era cálida y acogedora. Te preguntas qué ha cambiado, y tu corazón se llena de preguntas sin respuesta. Es doloroso notar que esa mirada que te hacía sentir especial se ha apagado, que los gestos de amor se han convertido en hábitos vacíos.

Pero recuerda: el hecho de que el amor haya cambiado no significa que hayas fallado. Las personas cambian, y a veces, incluso poniendo todo tu esfuerzo, no puedes obligar a un corazón a latir como antes. Continuar por miedo a enfrentar la verdad es como contener la respiración: al final, te ahogas. Mereces a alguien que te elija todos los días, que vea tu valor.

Si sientes que ha llegado el momento de soltar, entiende que es un acto de valentía, no de fracaso. Es hacer espacio para un amor que refleje quién eres hoy. Cerrar una puerta no significa cerrar tu corazón, sino permitirte sanar y encontrar un amor sincero.

Mereces una plenitud auténtica, y a veces, el primer paso es dejar de conformarte con menos. Mereces más que un amor a medias. Mereces a alguien que te vea y aprecie cada uno de tus esfuerzos. No necesitas suplicar por afecto ni luchar para ser amado/a. El amor verdadero no deja espacio para dudas y nunca te hace sentir solo/a.

Vínculos Tóxicos
Reconocer la prisión invisible

*Un amor sano no te hace dudar de quién eres,
sino que te recuerda cada día cuánto vales.*

¿Alguna vez te has encontrado en una relación que parecía más una batalla que un refugio? Tal vez piensas que lo que sientes es amor, pero una parte de ti se pregunta por qué duele tanto. Podrías estar atrapado en un vínculo traumático, un apego emocional profundo hacia alguien que te lastima.

Los vínculos traumáticos no nacen de repente. A menudo comienzan con dulzura y encanto, creando confianza. Luego, poco a poco, emergen la manipulación, las críticas y los abusos. La confusión y el dolor te mantienen atrapado en un ciclo de altibajos emocionales: un día te lastiman, al siguiente te inundan con disculpas y promesas de cambio. Este patrón te lleva a dudar de tus percepciones y a quedarte, esperando una mejora que nunca llega.

A menudo te encuentras justificándolos, minimizando su comportamiento con frases como: "No es tan grave" o "No lo hace con mala intención". Te aíslas de tus seres queridos porque ellos ven lo que tú no quieres admitir, y defiendes a quien te maltrata como si fuera culpa tuya. Al final, te sientes vacío, emocionalmente insensible, como si estuvieras tratando de protegerte de un dolor que parece infinito.

Pero esto no es amor. Es un ciclo tóxico que te aprisiona, un vínculo que te quita fuerza y esperanza. Reconocerlo es el primer paso hacia la libertad. Habla con alguien en quien confíes, busca ayuda. Recuerda: mereces una relación que te enriquezca, que te haga sentir amado y respetado, no consumido y herido.

Si estás leyendo estas palabras y te resultan familiares, debes saber que puedes liberarte. Es difícil, pero posible. No estás solo, y cada paso que des hacia tu sanación es un paso hacia la vida que realmente mereces. Un amor sano nunca debe lastimarte.

Hipersensibilidad
Vivir con el corazón en la mano

Tu sensibilidad es como una luz en una habitación oscura: ilumina lo que los demás no pueden ver.

¿Te han dicho alguna vez que eres "demasiado sensible"? ¿Y si, en lugar de eso, tu sensibilidad fuera el don que te permite ver el mundo con mayor profundidad?

Ser hipersensible puede parecer una carga, una forma de vivir donde cada emoción se siente amplificada, cada palabra como una flecha, cada experiencia como una marea que inunda el corazón. Pero tu hipersensibilidad no es un defecto; es un regalo valioso, una lente a través de la cual ves el mundo con colores más vivos, una brújula que te guía hacia lo que realmente importa.

Habrá, sin duda, momentos en los que te sentirás abrumado/a, cuando sentirás que experimentas más de lo que puedes soportar. Pero recuerda: tu sensibilidad es también tu mayor fuente de empatía, tu capacidad para comprender y percibir lo que otros no ven. Es lo que te permite escuchar el silencio entre las palabras, sentir el latido de un corazón en apuros, percibir la energía de una habitación.

No reprimas esta parte de ti para tratar de encajar. En un mundo a menudo frío e indiferente, tu hipersensibilidad es una luz, una señal de autenticidad. Considerar tu hipersensibilidad como una fortaleza te permitirá vivir plenamente, conectar más profundamente y amar intensamente.

Sí, sentirás más, pero también captarás una belleza que muchos no ven. Deja que tu hipersensibilidad te guíe, porque en ella reside un coraje raro y una capacidad única para traer amor al mundo.

Hipersensibilidad
10 señales de que eres una persona altamente sensible

Sientes las emociones con intensidad – La alegría, la tristeza o el enfado los vives de manera profunda, y puedes experimentar una empatía muy fuerte hacia los demás.

Los entornos caóticos te agotan – El ruido y la tensión te desestabilizan fácilmente; prefieres lugares tranquilos y pacíficos.

Tienes una gran intuición – Percibes las emociones de los demás aunque no las expresen, y a menudo intuyes que algo no va bien incluso antes de que te lo digan.

Te encariñas rápidamente – Creas vínculos profundos y duraderos, aunque los demás no siempre correspondan con la misma intensidad.

Las críticas te hieren con facilidad – Incluso los comentarios constructivos pueden afectarte profundamente y dejarte dándole vueltas durante mucho tiempo.

El arte y la naturaleza te conmueven – La música, la poesía y la belleza natural te impactan profundamente.

Necesitas tiempo a solas para recargar energías – Después de situaciones estresantes, necesitas momentos de soledad para recuperar tu equilibrio.

Notas detalles que los demás no ven – Pequeños cambios en las expresiones o en el tono de voz no pasan desapercibidos para ti.

Te preocupas mucho por los demás – Tu empatía te lleva a querer ayudar a quienes están en dificultades, sintiendo intensamente su dolor.

A menudo te sientes abrumado/a por las responsabilidades – Las expectativas y la carga emocional pueden fácilmente hacerte sentir presión.

Libérate del Sentimiento de Culpa
Gestionar la culpa y liberarse de su peso emocional

Cada vez que nos perdonamos, apagamos una voz de juicio y encendemos nuestra capacidad de amar y crecer.

Cada vez que nos perdonamos, apagamos una voz de juicio y encendemos nuestra capacidad de amar y crecer.

¿Has sentido alguna vez ese peso en el pecho, como si cada respiro fuera una deuda por saldar? Así es el sentimiento de culpa: entra silencioso, como un huésped no invitado, y se instala en tus pensamientos. Tal vez fue un error, una palabra de más o una decisión tomada con dudas. A veces, ni siquiera sabes de dónde viene, pero se queda ahí, recordándote cada pequeño paso en falso.

Imagina dejarlo ir, poco a poco. La culpa no es un juez imparcial: es una lente que distorsiona, amplifica los errores y te mantiene atrapado/a en el pasado. Cada decisión que tomaste la hiciste con la conciencia que tenías en ese momento. No es justo juzgarte con los ojos del presente.

Empieza por reconocerla como lo que es: una emoción, no una verdad absoluta. Observa lo que la culpa te está diciendo: a menudo está conectada con tus valores más profundos. Practica el perdón hacia ti mismo/a, como lo harías con un amigo, y separa lo que es real de lo que está exagerado. Actúa si es necesario, para corregir o aclarar, y aprende de tus errores para seguir adelante.

Recuerda que liberarte del sentimiento de culpa significa aceptar que estás hecho/a de errores y aciertos. No estás aquí para ser perfecto/a, sino para crecer, aprender y vivir.

Liberar la Mente y Recuperar el Equilibrio
16 Métodos para una desintoxicación mental

A veces sentimos la necesidad de vaciar la mente, purificar el corazón y recargar el alma. Como si el flujo constante de tareas, pensamientos y preocupaciones hubiera acumulado demasiada carga. Es ese momento de pausa para reencontrar un equilibrio perdido. Aquí tienes dieciséis maneras de realizar una desintoxicación mental para recentrarte y recuperar una paz duradera.

Deja Ir lo Superfluo: Despeja tu espacio vital. Al liberar tu espacio físico, también liberas tu mente.

Silencio Regenerador: Concédete un momento de silencio, lejos de distracciones. Cierra los ojos, escucha tu respiración y encuentra la paz interior.

Escribir para Liberar: Pon tus pensamientos por escrito para aliviar la mente y soltar aquello que te pesa.

Sumérgete en la Naturaleza: Camina en plena naturaleza, siente su energía; calma y recentra.

Desconéctate: Aléjate de las pantallas. Recupera la calma sin notificaciones ni ruidos tecnológicos.

Meditación y Respiración: Unos minutos de meditación y respiración consciente te ayudarán a reconectar contigo mismo/a.

Rodéate de Belleza: Un paseo por un lugar hermoso y tranquilo alimenta el alma e inspira.

Practica el Perdón: Suelta heridas y decepciones. Perdonar libera y desata los nudos interiores.

Disfruta los Pequeños Placeres: Aprovecha los placeres simples que alimentan el corazón.

Redescubre Tus Valores: Reconéctate con lo que es realmente importante para ti.

Muévete: Un poco de ejercicio libera la energía estancada y favorece el bienestar mental.

Ayuno de Información: Regálate un día sin noticias ni redes sociales.

Cultiva un Hobby Creativo: Dedica tiempo a una actividad que estimule tu creatividad y calme tu mente.

Cambia de Escenario: Un pequeño viaje o una salida a un lugar nuevo renueva y libera la mente.

Haz una Lista de lo que te Pesa: Escribe lo que te causa estrés, léelo, y pregúntate qué puedes dejar ir.

Cuida de Ti Mismo/a: Una desintoxicación mental no es una transformación, sino un regreso a lo esencial. Es un acto de amor hacia ti mismo/a.

Estos gestos simples te recuerdan que tienes derecho a detenerte, a respirar, a soltar y a abrir tu corazón a nuevas energías.

Dejar Ir con Dignidad
Sanar el dolor de un amor no correspondido y renacer más fuerte

Nunca pierdas tu luz solo porque alguien no supo verla. Tu valor no depende de los ojos que te miran, sino del corazón que lo guarda.

Es doloroso darse cuenta de que has dado tu corazón, tiempo y energía a alguien que no supo valorarte. El vacío que deja esta experiencia puede hacer que todo el amor que entregaste parezca inútil, pero no es así. El amor que diste tiene valor, independientemente de si fue reconocido o no.

Reconoce tu valor
Amar sinceramente requiere coraje. Aunque no hayas sido apreciado/a, tu amor sigue siendo valioso. No dejes que la incapacidad de otro te haga sentir menos importante.

Acepta el dolor y permite que sane
Es natural sentirse vacío/a. Acepta estas emociones sin prisa. Cada lágrima es un paso hacia la sanación y esconde una fuerza lista para emerger.

Aprende de esta experiencia
Has descubierto cuánto puedes amar y la necesidad de relaciones auténticas. Esta historia te ha acercado a la persona que estás destinado/a a ser.

Permítete dejar ir
Dejar ir es un acto de respeto hacia ti mismo/a. Mereces a alguien que te valore por lo que eres, sin condiciones.

Ábrete a nuevos vínculos auténticos
El dolor te está preparando para un vínculo más profundo y respetuoso. Alguien llegará que sabrá apreciar lo que tienes para ofrecer.

Redescubre el placer de estar contigo mismo/a
Dedica tiempo a lo que te hace sentir bien. Eres el primero/a en

merecer tu propio amor.

Ten fe en tu capacidad de renacer
Este dolor te hará más fuerte. Mirarás hacia atrás y verás una experiencia que te enseñó a reconocer tu valor. No es el final, sino el comienzo de un nuevo camino hacia la consciencia de lo que realmente mereces.

Deja que el dolor se convierta en sabiduría, y recuerda que el amor que diste no se perdió. Un día, alguien verá esa luz y la cuidará como mereces.

Cuando el Amor se Apaga
Reencontrarte después del abandono

Cuando alguien deja de verte tal como eres, es el momento de redescubrirte, de mirar de nuevo cada parte de ti, incluso aquella que sufre, con amabilidad.

Cuando la persona que amas empieza a perder interés, es como sentir un frío que se instala poco a poco, una distancia que crece sin que puedas evitarlo. Los pequeños gestos que antes tenían tanto significado parecen desvanecerse, las sonrisas se vuelven menos espontáneas, y esas conversaciones que te hacían sentir tan cerca ahora parecen lejanas, casi forzadas.

Es natural sentirse confundido/a, incluso culpable. Te preguntas si podrías haber hecho algo diferente, si hubo un momento en el que dejaste de ser "suficiente". Pero no existe una respuesta sencilla. El interés y el afecto pueden cambiar, y aunque duele, no siempre es algo que dependa de nosotros.

En estos momentos, es importante recordar tu propio valor. No permitas que la indiferencia de otro borre quién eres.

Recuerda que cuando sientes que una persona a la que aprecias empieza a perder interés, es natural experimentar un dolor profundo, casi como si una parte de ti se alejase. Es difícil aceptar que lo que una vez te llenó de alegría ahora parece desaparecer.

Mereces una presencia constante, alguien que valore cada matiz de tu personalidad, un amor verdadero. Hasta que llegue ese momento, mírate con la misma devoción que habrías querido recibir. Y, paso a paso, descubrirás que dentro de ti ya existe todo el amor que necesitas.

PARTE 2
TERAPIA A TRAVÉS DE LA ESCRITURA

La Escritura como Terapia

Escribir puede convertirse en una verdadera terapia para el alma. No se trata simplemente de poner palabras en el papel, sino de crear un espacio donde el mundo interior pueda expresarse. A través de la escritura, puedes explorar tu ser, dar voz a emociones que a menudo no se escuchan y aliviar el peso de las preocupaciones. Aquí tienes algunos puntos que explican por qué y cómo la escritura puede convertirse en una herramienta terapéutica eficaz.

Un canal de expresión libre: Escribir es un medio seguro y privado para expresar pensamientos y sentimientos que muchas veces se mantienen en silencio. En el papel, puedes explorar lo que te inquieta sin temor al juicio.

Reducción del estrés y la ansiedad: Diversos estudios demuestran que la escritura expresiva ayuda a reducir el estrés y la ansiedad, permitiendo que el cerebro reorganice la información y "libere" las tensiones emocionales.

Procesamiento de emociones: A través de la escritura, puedes explorar mejor tus emociones e identificar pensamientos recurrentes. Esto te permite reconocer patrones mentales y trabajar en aquellos que afectan negativamente tu bienestar.

Construcción de una perspectiva más amplia: Al leer tus pensamientos en el papel, es más fácil tomar distancia y evaluar las situaciones con mayor objetividad. La escritura fomenta la reflexión y la autoconciencia, ayudándote a estar más en armonía contigo mismo/a.

Las Condiciones Óptimas para una Escritura Terapéutica Eficaz

Para obtener el máximo beneficio de la escritura terapéutica, es importante realizarla en las condiciones adecuadas. Crear un entorno favorable y encontrar el momento correcto para dedicarte a esta práctica te ayudará a vivir la experiencia de manera completa y profunda. A continuación, algunos consejos para prepararte para una sesión de escritura realmente efectiva.

Encuentra un espacio tranquilo: Para que la escritura terapéutica sea efectiva, elige un entorno calmado donde puedas concentrarte sin interrupciones. La tranquilidad del espacio te permitirá escucharte a ti mismo/a sin distracciones.

Elige el momento adecuado: Cada persona tiene un momento del día en el que se siente más receptiva. Experimenta para descubrir cuál es el tuyo: algunos prefieren escribir por la mañana, cuando la mente está más fresca, mientras que otros encuentran más útil hacerlo por la noche, para reflexionar sobre el día recién terminado.

Deja ir las expectativas: No te preocupes por "escribir bien" o por organizar tus pensamientos. La escritura terapéutica funciona mejor cuando te permites ser espontáneo/a y honesto/a contigo mismo/a. Abandona la autocrítica y deja que las palabras fluyan libremente.

Prepara una breve rutina de relajación: Para facilitar la introspección, prueba a hacer algunas respiraciones profundas o una breve meditación antes de comenzar. Este pequeño ritual te ayudará a entrar en un estado de calma y apertura mental.

Qué Hacer con tus Escritos

Una vez que hayas plasmado tus pensamientos en el papel, es posible que te preguntes qué hacer con ellos. La respuesta es subjetiva y depende de tus preferencias. Algunas personas encuentran consuelo al releer y conservar sus escritos, mientras que otras prefieren dejarlos ir como una forma de liberarse de sus cargas emocionales. Aquí tienes algunas opciones para decidir cómo gestionar tus escritos.

Releer para la autorreflexión: Algunas personas encuentran útil releer lo que han escrito para observar sus progresos e identificar cambios en sus pensamientos y emociones. La relectura puede ser una herramienta poderosa para conocerse mejor.

Dejar ir y "liberar" los pensamientos: Si sientes la necesidad de dejar atrás lo que has escrito, puedes romper o quemar las páginas como símbolo de liberación. Este gesto puede tener un gran valor emocional, permitiéndote pasar página.

Conservar tus escritos en un diario: Puedes decidir llevar un diario para crear un recorrido escrito que represente tu viaje personal. Releer las páginas antiguas puede ser de gran ayuda en momentos difíciles, mostrándote cuánto has crecido y cambiado.

Flexibilidad y libertad de elección: Elige el enfoque que mejor refleje tus necesidades en cada momento. No hay reglas estrictas sobre qué hacer con tus escritos: deja que sea tu instinto el que te guíe en cada ocasión.

Qué Esperar

La escritura terapéutica es un camino de exploración personal que requiere tiempo, paciencia y disposición para acoger cada emoción que surja. Puedes experimentar una sensación de alivio inmediato, pero también cierto malestar inicial. Lo importante es saber qué esperar y aceptar el proceso, con la consciencia de que cada paso te acerca a una mayor serenidad y autocomprensión. A continuación, algunos puntos sobre qué esperar en el camino de la escritura terapéutica:

Es un proceso gradual: La escritura terapéutica no genera cambios inmediatos, sino que es un recorrido que requiere paciencia. Al principio, puedes sentir un alivio momentáneo o, en algunos casos, verte abrumado/a por lo que surge.

Respuestas emocionales variables: Es normal experimentar emociones intensas o conflictivas después de una sesión de escritura. Aunque al principio pueda ser difícil, con el tiempo el proceso se volverá más fluido y natural.

Mejora en la gestión de emociones: Con el tiempo, la escritura se convierte en una herramienta para liberar tensiones emocionales y afrontar las dificultades con una nueva perspectiva. Puedes esperar desarrollar una mayor consciencia y autocontrol a medida que practicas.

Un camino hacia la paz interior: La escritura terapéutica te permite explorar y aceptar tus sentimientos. Con el tiempo, te sentirás más cómodo/a con tus emociones y experimentarás un mayor sentido de paz interior y autenticidad.

PREGUNTAS INTROSPECTIVAS

¿Cómo estás en este momento? (Sé 100% sincero/a)

¿Qué pensamientos te impiden dormir por la noche?

¿Cuál es la cosa que más ansiedad te causa actualmente?

¿Qué es lo que más te asusta del futuro?

¿Qué te hace dudar de ti mismo/a?

¿Cuál es la peor decisión que has tomado en tu vida
y de la que te arrepientes?

Si te encontraras en una plaza con todas las personas que has conocido a lo largo de tu vida, ¿a quién buscarías primero? ¿Por qué a esa persona y no a otra?

¿Cuál es tu mayor miedo?

¿Qué es lo que te hace resistir cuando todo
parece derrumbarse?

¿Cuál es tu refugio seguro cuando la ansiedad
parece sobrepasarte?

Si pudieras hablar con tu ansiedad como si fuera una persona, ¿qué le dirías?

Escribe todo aquello en lo que la ansiedad te está obstaculizando.

¿Alguna vez te has sentido atrapado/a en una versión
de ti mismo/a que no reconoces?
¿Cómo describirías esa sensación?

¿Hay alguien con quien estés enfadado/a desde hace tiempo y a quien no logras perdonar? ¿Por qué?

¿Qué es lo que más te hace enojar?
¿Por qué?

¿Qué parte de ti crees que está tratando de proteger la ira?

¿Alguna vez perdiste completamente el control de ti mismo/a? Describe la situación.

Si pudieras hablar con tu ira como si fuera una persona,
¿qué le dirías?

¿Qué es lo que más odias en el mundo?

¿Cuál es una decisión equivocada que tomaste por culpa de la ira y de la que te arrepientes?

Escribe una carta a tu ansiedad.

GRITA TODA TU IRA EN ESTA PÁGINA (DESAHÓGATE Y LUEGO LANZA EL LIBRO CONTRA LA PARED).

¿Cuál fue el día más triste de tu vida?

¿Alguna vez has sentido que no perteneces a ningún lugar
ni a ninguna persona?
Explica esta sensación.

¿Cuál es la emoción dolorosa que sientes con más frecuencia?

¿Cuándo fue la última vez que lloraste? ¿Por qué?

¿Qué es lo más doloroso que te has dicho frente al espejo?

¿Qué es lo más doloroso que te han dicho?

¿Cuál fue el momento en el que te sentiste más solo/a?

¿Hay un lugar específico que te hace sentir triste
cada vez que lo visitas?
¿Por qué?

¿Cómo superaste el momento más oscuro de tu vida?

¿Qué haces cuando la tristeza te sobrepasa?

¿Cuál es el recuerdo más doloroso que llevas dentro?

Si pudieras hablar con tu tristeza como si fuera una persona,
¿qué le dirías?

¿A quién perdiste en el camino de la vida, y qué no tuviste el valor de decirle mientras estaba contigo?

¿Hay un momento del pasado que sigues reviviendo,
una despedida no dicha o un arrepentimiento
que no te deja avanzar?

¿Cuál es la promesa que te hiciste a ti mismo/a y que nunca lograste cumplir? ¿Qué sientes al respecto?

¿En qué te has sentido invisible a los ojos del mundo,
y qué te hubiera gustado que se viera y comprendiera de ti?

¿Hubo un día en tu vida en el que pensaste que el dolor
era demasiado para soportarlo?
Explica.

¿Cuál es un recuerdo feliz que ahora te duele recordar?
¿Por qué?

¿Qué es lo que realmente te falta para ser feliz?

Si pudieras hablar con la versión de ti mismo/a que
más ha sufrido, ¿qué le dirías?

¿Por qué estás triste?

¿Cuál fue el momento en el que sentiste que el mundo se te venía abajo?

¿Cuando te sientes perdido/a, ¿qué buscas para encontrar dirección?

¿Existe una parte de ti que sientes distante o perdida,
como un viejo amigo que ya no reconoces?

¿Qué crees que te ata al pasado y te impide mirar hacia adelante?

Escribe las palabras que te destruyeron emocionalmente.

Si pudieras regresar al pasado, ¿qué le dirías a la versión más joven y vulnerable de ti mismo/a?

En qué momento de tu vida te has sentido más solo/a y por qué?

Si te quedaran solo 5 minutos de vida, ¿a quién llamarías para despedirte por última vez?

Escribe una carta a tu tristeza

¿Te han juzgado alguna vez por tu aspecto físico?
¿Cómo te hizo sentir?

Si pudieras cambiar una sola parte de tu cuerpo,
¿qué cambiarías? ¿Por qué?

¿Cómo reaccionas ante las críticas en general?

¿Hay un fracaso del pasado que sigue persiguiéndote?
Descríbelo.

Si pudieras cambiar una sola parte de tu carácter,
¿qué cambiarías? ¿Por qué?

¿Qué pensamientos negativos sobre ti mismo/a surgen
más a menudo en tu mente?

¿Cuál es tu mayor inseguridad y cómo influye negativamente
en tu vida?

¿Por qué crees que sigues saboteándote?

¿Cuáles son las palabras que necesitas escuchar en este momento?

Si alguien te hablara como tú te hablas a ti mismo,
¿querrías ser su amigo?

Si pudieras retroceder en el tiempo y cambiar una sola decisión,
¿cuál sería? ¿Por qué?

¿Cuál es una cualidad que te gustaría tener y que sientes que no posees?

¿Hay algo de lo que te sientes particularmente culpable? ¿Por qué?

¿Alguna vez te has sentido claramente inferior a alguien más? ¿Por qué y cómo te hizo sentir?

¿Alguna vez has evitado una situación social por miedo a no estar a la altura? Describe la situación.

¿Cuáles son las cosas que odias de ti mismo/a?

¿Cuáles son las cosas de ti mismo/a de las que
más te avergüenzas?

¿Cuáles son tus creencias más limitantes sobre ti mismo/a?

¿Alguna vez has escondido una parte de ti por miedo
a ser juzgado/a?

¿Cómo te sientes cuando ves a alguien obtener algo que siempre has deseado?

¿De quién estás celoso/a en este momento? ¿Por qué?

¿Cuál ha sido la cosa más difícil que has tenido que aceptar de ti mismo/a?

¿Ha habido algún momento en el que te sentiste totalmente inútil? Explica.

Escribe una carta a la imagen de ti mismo/a que ves en el espejo.

¿Qué palabras te hirieron de niño/a?
¿Cómo te sientes al recordarlas?

¿Recuerdas un momento triste o difícil de tu infancia?
Cuéntalo.

¿Te sentías amado/a por tus padres o no?
Explica.

¿Cuáles son las cosas que necesitabas de niño/a y
que nunca recibiste?

Escribe una carta a tus padres para expresarles qué hicieron mal contigo.

¿Qué parte de ti mismo/a perdiste al crecer?

¿Cuándo fue la última vez que hiciste algo que amabas con tus padres?

¿Qué sensación del pasado extrañas más?
¿Por qué?

¿Cuál fue la despedida más dolorosa de tu vida?

¿Te han roto el corazón alguna vez?
¿Lograste superarlo?

Una amistad que terminó y que aún te hace sufrir.
¿Por qué terminó?

¿Cuál es la promesa incumplida que más te dolió?
¿Quién no la cumplió?

Describe tu primera ruptura amorosa.

Escribe una carta a una persona que te haya herido profundamente. Deja ir tus sentimientos.

¿Cuál fue la mayor decepción que recibiste de una persona?

¿Hay un "te extraño" que nunca dijiste y que lamentas
no haber confesado?

¿Qué es lo que alguien te dijo que más te hirió?
¿Quién te lo dijo?

¿Qué es lo peor que le has dicho a alguien y que lo hirió profundamente? ¿A quién se lo dijiste?

Escribe el mensaje de amor más doloroso que hayas recibido.

Escribe el mensaje de amor más doloroso que hayas enviado.

¿Cuál es el error más grande que has cometido en el amor
y que aún te hace sufrir?

¿Cuál es el "si tan solo..." que aún te tortura cuando lo piensas?
¿Por qué?

Escribe todo lo que te ha herido en el amor.
(DESAHÓGATE, LUEGO ROMPE LA PÁGINA Y QUÉMALA).

Si te quedara solo una hora de vida, ¿a quién llamarías para una última despedida? ¿Qué le dirías a esa persona?

Escribe una carta a la parte de ti que más detestas.

Escribe una carta a la persona que te abandonó.

PREGUNTAS DE SANACIÓN

¿Cómo estás en este momento? (Sé 200% sincero/a)

¿Cuál es el recuerdo más feliz de tu infancia?

¿Cuál ha sido tu mayor éxito y cómo te hizo sentir?

Escribe los cumplidos que has recibido de otras personas y que te hicieron sentir bien.

¿Cuál es el cumplido más importante que has recibido
y por qué?

￼

¿Cuándo fue la última vez que probaste algo nuevo?
¿Qué aprendiste?

¿Cuál es la cosa más bonita que alguien ha hecho por ti?

¿Cuál es la cosa más bonita que has hecho por alguien más?

¿Hay un día de tu vida que quedará para siempre grabado en tu memoria? ¿Cuál?

Escribe al menos 5 cualidades tuyas.

¿Cuáles son tus sueños y aspiraciones para el próximo año?

¿Cuál ha sido la mejor decisión que has tomado este año?

Escribe una carta a ti mismo/a.

Escribe una carta a tu madre.

Escribe una carta a tu padre.

Escribe una carta a tu hermano/hermana.

Escribe una carta a tu mejor amigo/a

¿Cuál es la posesión más valiosa que tienes y
por qué es tan importante para ti?

¿Quién es la persona más importante de tu vida?
¿Por qué?

¿Cuál es la cosa más valiente que has hecho últimamente?
¿Cómo te hizo sentir?

¿Cuál es tu mantra o cita favorita que te inspira
en los momentos difíciles?

Escribe las personas importantes de tu vida en las que puedes confiar en los momentos difíciles.

Si encontraras a una persona que se siente como tú,
¿qué le dirías?

¿Quién es la persona que más admiras en el mundo y por qué?

¿Cuál es tu secreto inconfesable?

Escribe al menos 5 puntos fuertes tuyos.

¿Qué harías si no te importara el juicio de los demás?

¿Qué significa para ti ser feliz?

¿Qué amas de la vida?

¿Por qué te gustaría ser recordado/a?

Si te quedara solo una hora de vida,
¿qué harías?

Establece tres objetivos personales que quieras alcanzar en los próximos seis meses.

Escribe una lista de cosas en tu vida por las que estás agradecido/a.

Escribe las canciones que te hacen sentir bien y, cada vez que encuentres una nueva, agrégala a esta lista.

Escribe una carta de tu yo niño/a dirigida a tu yo actual.
¿Qué habría deseado para ti?

Escribe una carta al niño/a que fuiste. Con tu experiencia, ¿qué le dirías, qué consejos le darías?

Escribe una carta a ti mismo/a destacando todos los motivos por los que deberías estar orgulloso/a de quien eres. Guarda esta carta para los días en que necesites un ánimo.

Escribe una carta de perdón a ti mismo/a por algo que te atormenta.

Escribe una carta de perdón a una persona que te ha herido.

Escribe una carta pidiendo perdón a una persona que has herido.

Describe un día o un momento en el que te sentiste realmente en paz contigo mismo/a y con el mundo.

Describe a la persona que te gustaría ser.

Escribe una lista de cosas que te hacen sentir relajado/a y sereno/a.

Escribe todo lo que amas de ti mismo/a.

Escribe una carta a tu corazón.

Tu carta al 2025.

Escribe una carta a...

Escribe una carta a...

PARTE 3
PENSAMIENTOS PARA EL CORAZÓN Y EL ALMA

Liberarse de las expectativas de los demás es el primer paso para descubrir quiénes somos realmente

Hay momentos en la vida en los que nos sentimos como hojas llevadas por el viento, sin una dirección precisa. Las experiencias que hemos vivido pueden habernos marcado profundamente, obligándonos a usar máscaras para proteger lo que realmente somos.

Si te resulta difícil ser indulgente contigo mismo/a, aceptar tus fragilidades, perdonar tus errores y encontrar la fuerza para seguir adelante, debes saber que no estás solo/a. No es tu culpa, y no hay nada malo en ti.

Quizás sea el momento de escuchar tu voz interior, de liberarte de las expectativas de los demás y de redescubrir las pasiones que te hacen único/a. El camino hacia la sanación es como un sendero de montaña: requiere tiempo, paciencia y la voluntad de enfrentar las subidas más empinadas. Después de todo lo que has atravesado, es comprensible que te sientas cansado/a y sin energía. No necesitas convertirte de inmediato en la versión ideal de ti mismo/a.

No permitas que nadie dicte el ritmo de tu viaje personal. Solo tú conoces los desafíos invisibles que enfrentas cada día. Date permiso para ir más despacio, para detenerte si lo necesitas. A veces, el simple hecho de levantarte por la mañana ya es un gran logro.

Recuerda que cada paso, por pequeño que sea, te acerca a una mejor comprensión de ti mismo/a. Y en este proceso, mereces toda la compasión y el amor que estarías dispuesto/a a ofrecer a los demás.

Detrás del silencio de nuestras heridas hay una fuerza que solo espera ser descubierta.

Entiendo cómo te sientes. Es como si fueras un extraño en tu propia vida, rodeado/a de personas que, por miedo o incapacidad, no supieron preguntarte cómo estabas realmente.

Intentaste expresar tu dolor, pero cada intento parecía llevar a malentendidos, lo que te empujó a cerrarte aún más. Así, aprendiste a llevar una máscara, ocultando la inquietud que llena tus silencios.

Sin embargo, quiero que sepas: no estás solo/a. Aunque aún no las hayas encontrado, hay personas que entenderían lo que has vivido.

Abrirte, incluso solo un poco, puede marcar la diferencia, porque los pequeños pasos pueden llevar a grandes cambios. Dentro de ti hay una fuerza que te ha traído hasta aquí, y un día te darás cuenta de lo lejos que has llegado.

**Durante demasiado tiempo has buscado fuera
lo que siempre estuvo dentro de ti.**

Has aprendido a reconocer tu valor y a sentir el amor por ti misma como algo natural, un camino que te ha llevado de vuelta a tu esencia.

Detrás de quien eres hoy, existe una versión de ti que luchó en silencio, creyendo que debía ganarse el afecto desmoronándose en pedazos, adaptándose a las expectativas de los demás.

Callaste cuando tu alma gritaba por ser escuchada, aceptando migajas como si fueran todo lo que merecías.
Pero al encontrarte contigo misma, comprendiste que el amor y el valor no son concesiones externas, sino partes de ti que siempre estuvieron ahí, esperando a que las reconocieras.

Te reconstruiste paso a paso, aprendiendo que eres suficiente tal como eres y que no tienes que demostrarle nada a nadie para ser digna de amor. Ahora caminas entera, con la conciencia de que amarte no es solo un regalo, sino una promesa que te haces cada día.

**Agradece lo que la vida te ofrece,
porque todo forma parte del viaje.**

Permítete ser...

Flexible como el viento, capaz de enfrentar tormentas y brillar en las claridades. Siente cada emoción, acogiendo tu fragilidad como la fuente de tu fuerza. Deja que tu historia se escriba sin miedo, incluso en los días inciertos, y recuerda que ya eres suficiente, aunque el mundo intente convencerte de lo contrario.

Deja que el amor te roce, incluso en sus sombras, y permite que tu corazón acoja lo que ha sido, sin quedar atrapado en lo que aún podría llegar. Concede a tu alma el derecho de respirar, de renacer cada día. De ser auténtica y libre, sin cadenas.

Considera cada paso como un nuevo comienzo, una señal de renacimiento. Escucha tu corazón con la ternura que merece y recibe con gratitud lo que la vida te ofrece, listo/a para abrazar el amor y la bondad que deseas ver en el mundo.

Escuchar las partes más silenciosas de nosotros mismos es como encender una luz en la oscuridad: revela el camino que el corazón ya conoce, pero que solo el coraje sabe recorrer.

Escucha el susurro que viene de dentro, esa voz suave que no grita, pero que te guía. Es la voz de las partes de ti que esperan en silencio, que saben dónde aún te aferras, dónde temes el cambio, dónde buscas desesperadamente entender quién eres y a quién puedes amar.

Cada día te habla, como un latido tranquilo que atraviesa el cuerpo, como un suspiro sutil que te muestra el camino, si solo desaceleras lo suficiente para escuchar. No es el ruido de los pensamientos que conoces bien, esos que rebotan rápidos e incansables. Es una verdad más profunda, un hilo de luz escondido bajo los ruidos del mundo.

El cuerpo tiene su propio lenguaje, hecho de suspiros y tensiones, de intuiciones y sensaciones. No lo ignores. Escucha esas partes de ti que piden espacio, que esperan pacientemente a que las acojas. Ellas saben lo que necesitas convertirte, saben dónde estás creciendo, incluso cuando todo parece estar detenido.

Y así, paso a paso, cada vez que escuchas, encuentras una nueva versión de ti, una vida que no teme ser vivida plenamente. Encuentras una forma de ser que no busca respuestas inmediatas, pero que sabe que el camino se revelará, si lo recorres con el corazón abierto y las manos listas para dejarse guiar.

**Aprender a amarse es como reparar un jarrón roto:
pieza por pieza, con paciencia y amor, volvemos a brillar
en nuestra verdadera esencia.**

Aprender a amarse requiere tiempo, especialmente cuando te han hecho creer que nunca eres suficiente tal como eres.
Es un proceso que implica paciencia para recuperar tu confianza, esa que nadie te enseñó a cultivar.

Se necesita tiempo para sanar un corazón roto, marcado por cicatrices profundas, para recuperar la confianza después de una traición, para escuchar tu propia voz tras años de silencio.

Ponerte a ti misma en primer lugar, especialmente después de años de sacrificios por los demás, es un acto que requiere tiempo. También requiere tiempo dejar ir a personas o cosas que has amado durante tanto tiempo y con tanta intensidad.

Cada paso hacia la sanación es un desafío que exige amabilidad contigo misma. Tómate todo el tiempo que necesites; respira y permite que cada respiro te guíe hacia una serenidad que te está esperando, llevándote finalmente hacia un sentido de plenitud recuperada.

Se necesita valentía para acoger tu grito silencioso, para escucharlo sin juzgar y reconocer que, a veces, simplemente llegar al final del día es una victoria del corazón.

A veces llevamos dentro un grito silencioso: una necesidad de escapar, de ser libres, comprendidos, amados. Es un peso invisible que nadie puede ver, pero que tú sientes cada día, como un sonido constante que resuena en tu mente y en tu corazón.

Cuando ese grito está tan presente, intentar ser feliz, dar lo mejor de ti o perseguir tus objetivos puede parecer un desafío insuperable. No se puede escalar una montaña cuando tu mente está simplemente tratando de sobrevivir.

No hay nada malo en ti. Tal vez no recibiste el apoyo que necesitabas y, para protegerte, construiste una coraza que ahora es demasiado pesada de llevar. Permítete avanzar un paso a la vez; no puedes cambiarlo todo de la noche a la mañana. A veces, simplemente llegar al final del día ya es un gran logro.

Sanar requiere tiempo, especialmente cuando hay heridas profundas. Se necesita paciencia para dejar ir los viejos patrones que te protegieron, pero que ahora te retienen. Cada paso hacia la aceptación y el cambio es importante y merece tu amabilidad. Sé paciente y no te juzgues: incluso en los momentos en los que sientes que no tienes nada que dar, hay espacio para el crecimiento. Y, precisamente en esos silencios, puedes encontrar algo de paz.

Mereces un amor que te llene, no uno que te consuma. Dejar ir es darle a tu corazón el derecho de ser feliz.

A veces amamos tanto a los demás que nos olvidamos de nosotros mismos, que lo damos todo a alguien que no sabe apreciar ese regalo. Nos quedamos ahí, esperando un cambio, pero cada día algo se rompe dentro de nosotros. Amar no significa sacrificar tu felicidad; el verdadero amor nunca debería dejarte vacío.

Dejar ir duele, lo sé. Pero mereces más que un amor que no sabe nutrirte. Mereces a alguien que te mire como si fuera increíble tenerte a su lado, cada día. Ahora es el momento de ponerte a ti mismo en primer lugar, de concederte esa dignidad que siempre has dado a los demás.

Deja ir, aunque duela. Reconoce que estás eligiendo ser libre, que estás reconociendo tu valor. Y al hacerlo, abrirás la puerta a la verdadera felicidad, esa que está esperando ser compartida con alguien que te mirará como se mira un milagro, con gratitud y amor.

Agradecimientos

Gracias por haber elegido emprender este viaje junto a mí.

Este libro no sería nada sin ti, que encontraste el tiempo y el espacio para abrir tu corazón y confiar tus emociones a estas páginas. Fue creado para acoger tus miedos, tus esperanzas, tus sueños, y para ofrecerte un lugar seguro donde soltar los pensamientos más pesados. No sé qué te llevó a pasar las páginas de este libro, pero estoy profundamente agradecida de que lo hayas hecho.

A veces la vida puede parecer un camino solitario, pero espero que este diario haya sido para ti un pequeño refugio, un lugar donde descansar y sentirte comprendido/a. Hemos estado juntos, aunque solo haya sido por un instante, en este recorrido hecho de palabras y silencios. Mi deseo es que sigas caminando con más ligereza, con la certeza de que dentro de ti tienes la fuerza para superar cualquier desafío.

Gracias por permitirme echar un vistazo a tu mundo interior, por elegir escuchar tu propia voz y por creer que, de algún modo, estas páginas podían ofrecerte consuelo.

A quienes apoyaron este proyecto y a ti, lector/a, va mi infinita gratitud. Que siempre encuentres el camino hacia la serenidad, y que este diario te haya acompañado, aunque sea por un pequeño tramo de tu viaje.

Con todo mi corazón,

Isabele Miumiu

Made in United States
Orlando, FL
15 March 2025